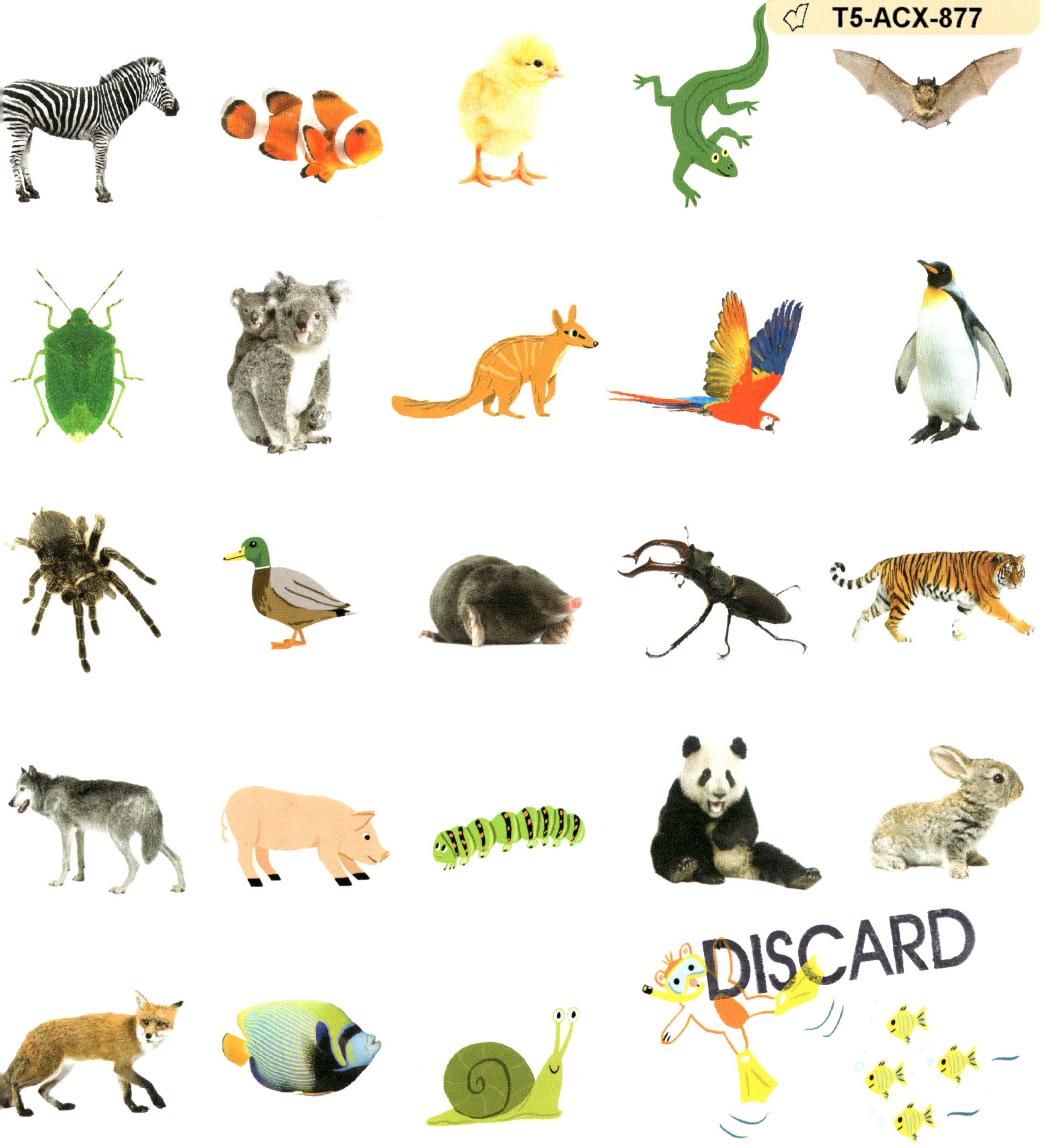

Muchas GRACIAS
a Claire Mégnin, etóloga,
por su esmerada revisión.

Título original: DOKÉO LES ANIMAUX
© Editions Nathan, París, Francia, 2015
© de la traducción española:
EDITORIAL JUVENTUD, S. A., 2018
Provença, 101 - 08029 Barcelona
info@editorialjuventud.es / www.editorialjuventud.es
Traducción de Raquel Solà

Primera edición, 2018

ISBN 978-84-261-4536-9

DL B 12034-2018
Núm. de edición de E. J.: 13.634
Impreso en España - *Printed in Spain*
Arts Gràfiques Grinver S. A.,
Avda. Generalitat, 30 - Sant Joan Despí (Barcelona)

Todos los derechos reservados

Los animales

Idea original y texto:
Cécile Jugla

Ilustraciones:
Marion Piffaretti

Editorial Juventud
Provença, 101 – 08029 Barcelona

ÍNDICE

EN CASA 8

El perro 10
El gato 12
Los animales de compañía 14
En el huerto 16
Los animalitos del jardín 18
El caracol 20
La mariposa 22
Los pájaros del jardín 24

CERCA DE CASA 26

Los animales de la granja 28
La vaca 30
La gallina 32
El poni 34
En el árbol 36
Los animales del bosque 38
El conejo 40
En el estanque 42
El pato 44
La rana 46
En la montaña 48
El lobo 50
Los animales de la orilla 52
El cangrejo 54

¡CUAC CUAC!

LEJOS 56

En la sabana 58
El elefante 60
La jirafa 62
El león 64
El cocodrilo 66
El chimpancé 68
En la selva 70
El tigre 72
El canguro 74
El panda 76
El oso polar 78

El pingüino emperador 80
El delfín 82
El gran tiburón blanco 84
En los mares tropicales 86
Los peces de los mares tropicales .. 88
La ballena 90

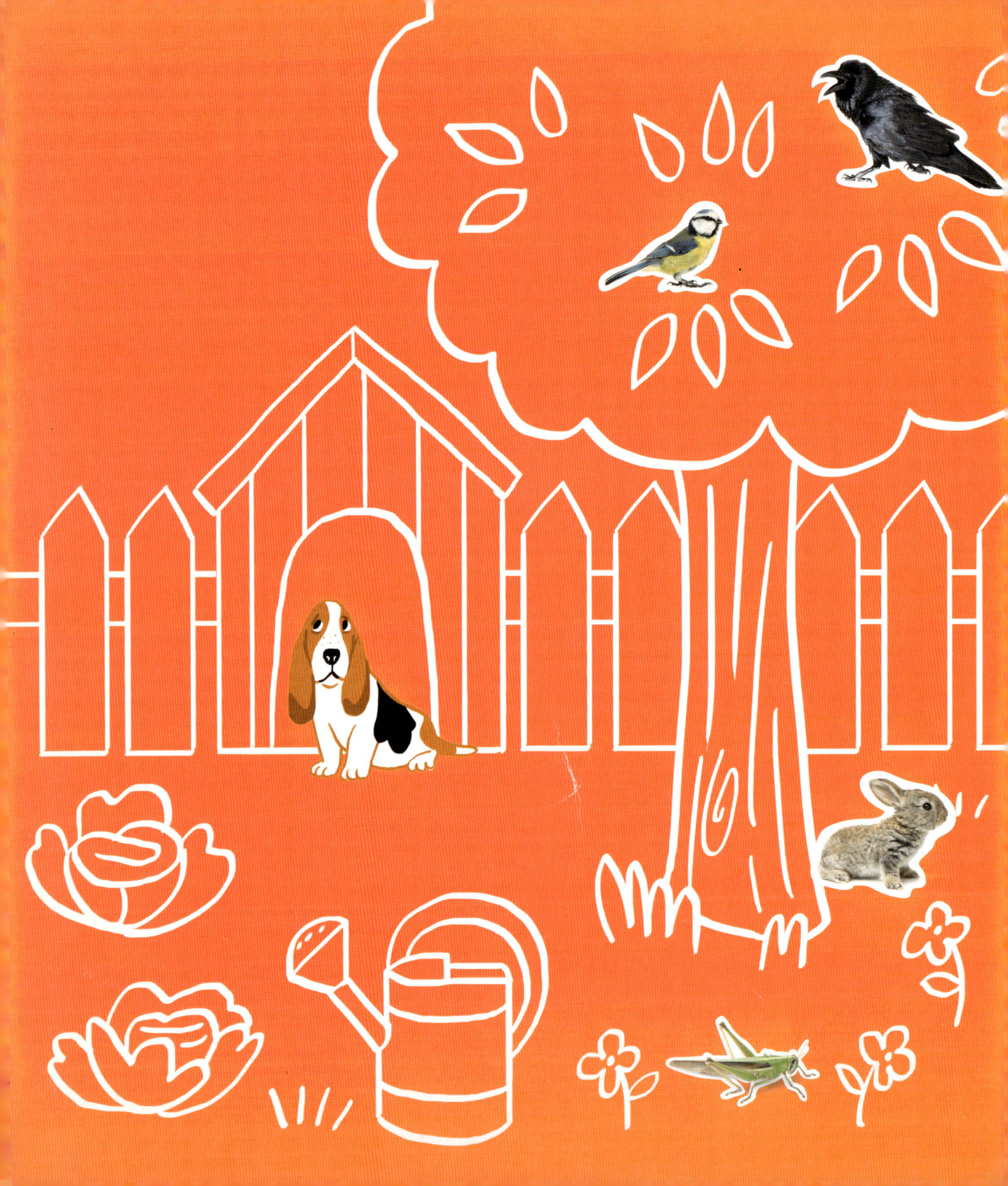

EN TU CASA

El perro

«¡Guau! ¿Juegas conmigo?», ladra el perro cuando encuentra un amigo.

Menea la **cola** cuando está contento.

Con sus **orejas** el perro oye sonidos que tú no puedes oír.

Con su **hocico** te olfatea: te reconoce sobre todo gracias a tu olor.

¡GUAU! ¡GUAU!

El perro saca la lengua, ¿cuando tiene mucho frío o mucho calor?

Con sus **4 patas**, corre rápido y salta muy alto.

Respuesta: mucho calor

las garras

**Todos estos perros son de razas distintas:
muy grandes o muy pequeños, con el pelo corto o peludos.**

el basset

el labrador

el pastor alemán

Señala todos los perros sentados.

el caniche

el bulldog

el husky

el dálmata

el collie

**Aunque no tengan el mismo aspecto...,
pueden tener perritos juntos.**

El gato

El gato corre y salta como una pantera. ¡Claro, son de la misma familia!

Los **ojos** del gato ven mejor que los tuyos, incluso de noche.

Sus **orejas** se mueven en todos los sentidos para captar de dónde vienen los ruidos.

las almohadillas

Sus **bigotes** son como antenas que captan todo lo que hay a su alrededor.

Cuando está contento, ¿ronronea o refunfuña?

¡MIAU!

El gato tiene **garras**: las saca para agarrarse a un tronco, las esconde para caminar.

Respuesta: ronronea.

El gato se lame a menudo con su lengua rasposa para proteger su pelaje.

¡El gato es un acróbata! Cuando cae de una pared, siempre aterriza sobre sus patas.

la cola

¡Se frota contra tus piernas para dejar su olor y decir que eres suyo!

El gato maúlla, pero también «habla» con su cuerpo. ¡Ahora quiere asustarte!

Los animales de compañía

el conejo   la coneja

el canario

el conejillo de Indias

la tortuga de agua

el hámster

la gata

el gato

el pez

el perro

el periquito

la perra

¡Encuentra los papás de estos bebés animales!

el gazapo

el ratón

el gatito

el cachorro

En el huerto

el caracol

la oruga

la araña

el herrerillo

la lombriz

la mariquita

Encuentra todos estos animales en el huerto y sabrás qué les gusta comer.

el topo

las coles

La **araña** ha tejido su tela para tender una trampa a la abeja.

La **mariquita** se da un atracón de pulgones.

La **lombriz** come cosas que hay en la tierra.

El **topo** se come la lombriz.

la cochinilla

las larvas

Los animalitos del jardín

la babosa

la mariquita

las hormigas

la mosca

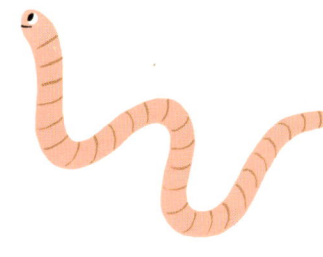

la lombriz

el escarabajo

la araña

el caracol

Señala los animales que tienen alas.

el ciempiés

la avispa

el saltamontes

la lagartija

el mosquito

el escarabajo
de la patata

la mariposa

la abeja

la chinche verde

la chinche roja

la oruga

El caracol

Acércate con suavidad... ¡Si no, el caracol se esconderá en su concha!

Su **concha** es dura. Crece al mismo tiempo que él.

Sus **ojos** son los puntos negros que tiene en los extremos de sus largas antenas. ¡Ve muy mal!

Con sus pequeñas **antenas** percibe lo que le rodea. Las repliega si las tocas.

la boca

Su **pie** blando fabrica baba. Se desliza por encima de ella para avanzar.

¿Sabes qué hace el caracol por este agujerito?

Respuesta: caca. (Es su ano)

El caracol sale cuando llueve.
Necesita tener el cuerpo húmedo.

Con su gran boca,
come hojas, frutos, setas...

puerta cerrada
con baba dura

En invierno se encierra
en su concha y duerme bajo tierra.

Rocía con delicadeza un caracol para verlo salir de su concha.

La mariposa

¡Vuela, mariposa, levanta el vuelo! ¿Qué haces en la rama de un cerezo?

Con las **antenas** la mariposa siente los olores. ¡Como tú con la nariz!

Con sus **4 alas** vuela, vuela...

Con su **trompa** aspira el jugo azucarado de la flor, el néctar.

¿La mariposa tiene dientes para comer?

Bajo su cuerpo tiene **6 patas**, como todos los insectos.

Respuesta: no.

¿Cómo nace una mariposa?

1 El «bebé» mariposa es una oruga. Sale de un huevo.

2 Come un montón de hojas y crece y crece...

3 Se cuelga de una rama y se transforma poco a poco en una crisálida...

4 ...¡de donde un día sale una hermosa mariposa!

Los pájaros del jardín

el jilguero

el pinzón macho

el pinzón hembra

el estornino

el herrerillo

la paloma

la urraca

el camachuelo macho

el camachuelo hembra

la tórtola

el mirlo hembra

el mirlo macho

la golondrina

el gorrión

El mirlo canta, la golondrina trisa, la paloma zurea... ¿y el cuervo qué hace?

¡CRA!

el cuervo

el petirrojo

Respuesta: grazna

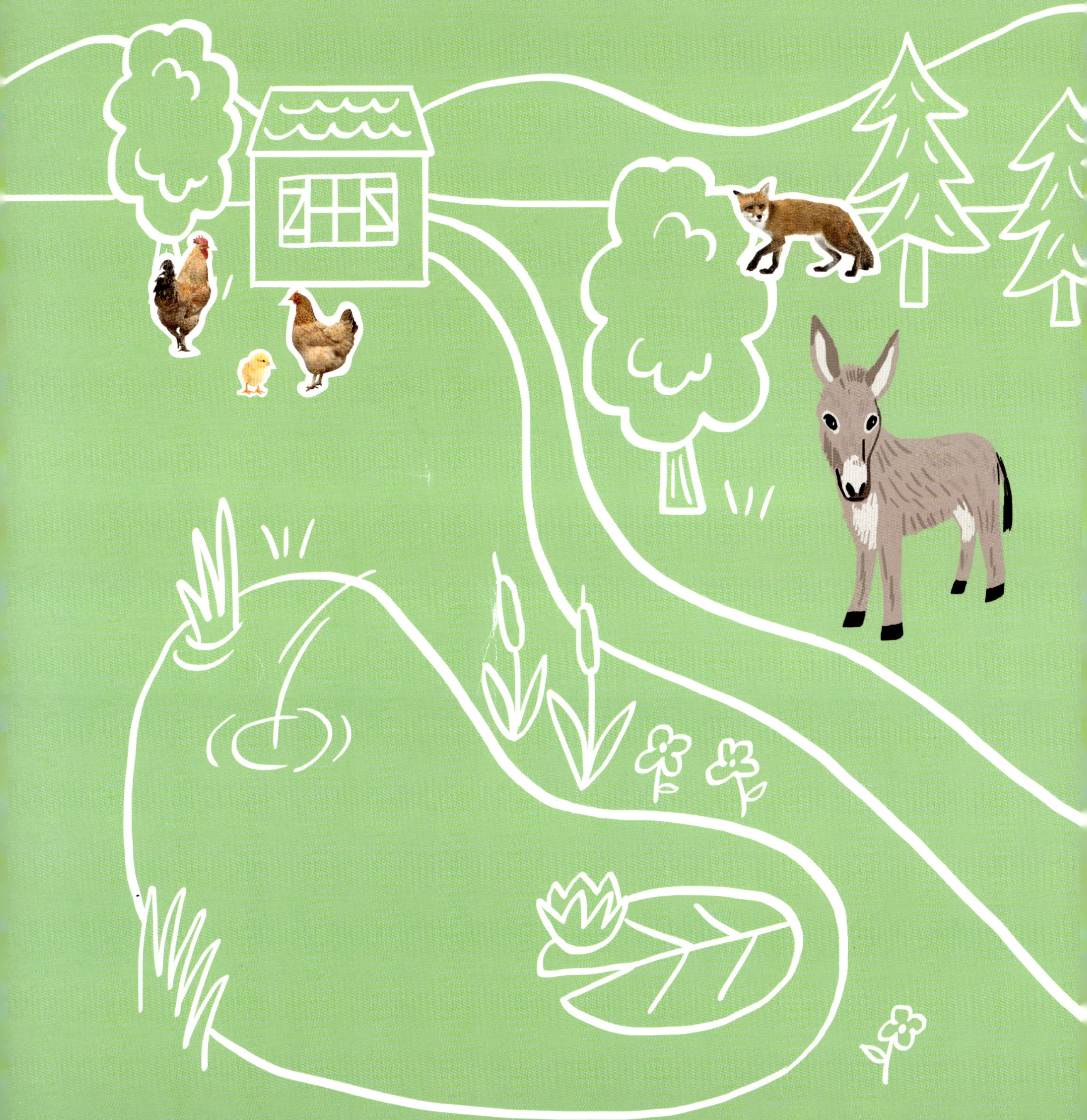

CERCA DE TU CASA

Los animales de la granja

¡HI AA!

¡CUA CUA!

¡BEEE!

el asno

la oveja

el pato

la pata

¡BEEE!

la cabra

el cabrito

¡Encuentra los papás de estos bebés animales!

el polluelo

el becerro

el patito

el cordero

el pavo

¡Kikirikí!

¡CO CO!

¡Hiiii!

el gallo

la gallina

la oca

el caballo

¡OINC, OINC!

el cerdo

¡MUUU!

la vaca

el toro

el conejo

La vaca

En el prado, la vaca pace hierba fresca; en el establo come hierba seca: el heno.

¡MUUU!

los cuernos

En sus **ubres**, la vaca fabrica leche para alimentar a su pequeño… como todos los mamíferos

Con sus **ojos** te ve como un gigante. ¡Acércate a ella lentamente!

el hocico

En su **boca**, mastica y rumía la hierba como un chicle.

¿Cómo se llaman las ubres de la vaca: mamas o papas?

la boñiga

la pezuña

Respuesta: mamas.

La **cola** le sirve de espantamoscas.

los pezones

La vaca vive en rebaños: ¡tiene compañeras... y le gusta lamerlas!

La vaca huele a su becerro cuando nace. ¡Reconocerá su olor incluso cuando se haga mayor!

El granjero ordeña la vaca. Con su leche hace yogures, queso o mantequilla.

¿Por qué levanta esta vaca la cola? ¡Para hacer un gran pipí!

La gallina

¡Co co co! La gallina ha atrapado una lombriz.
Se la va a tragar. ¡Ñam!

la cola

Se limpia las **plumas** revolcándose por el polvo, y después se las alisa con el pico.

Sus **ojos** no pueden girar. Por lo tanto, mueve la cabeza para mirar alrededor.

los orificios nasales

¡SOCORRO!

la barbilla

Con su **pico** sin dientes también picotea granos. Sus alas son demasiado cortas para volar bien.

Sobre la cabeza, la gallina tiene ¿una cresta o una costra?

Sus **alas** son demasiado cortas para volar.

Sus **patas** están cubiertas de escamas como... las serpientes.

las uñas

Respuesta: una cresta.

32

¿Cómo nace el polluelo?

1 Para que nazca un polluelo, tiene que haber una mamá gallina y un papá gallo.

2 ¡Co co! Cada mañana, la gallina pone un huevo en su nido del gallinero.

3 Luego se coloca sobre sus huevos para mantenerlos calientes: los incuba.

4 3 semanas más tarde, los polluelos rompen el cascarón con el pico.

El poni

¿Es un bebé caballo?
¡No! Es un caballo de pequeña estatura.

Respuesta: relincha.

El poni, ¿relincha o rechina?

Sus **pelos** crecen más tupidos en invierno y lo protegen del frío.

la grupa

la cola

Con sus **patas**, cortas y robustas, camina al paso, trota, galopa...

el estiércol

Sus **pezuñas** son unas uñas grandes y muy fuertes.

Por sus **orejas** sabes
de qué humor está.
Si están hacia atrás, está enfadado;
hacia delante, está contento.

los ollares

¿Tú empezaste a andar al año?
El poni se pone de pie
desde que nace.

El potrillo tiene las piernas
muy largas: tiene que
separarlas para poder pacer.

Su **crin** está
formada por
largos pelos,
las crines.

Se revuelca en el suelo para rascarse
la espalda o para secarse
el pelo mojado.

Pero ¿por qué
hace esta mueca?
¡Para olerte mejor!

35

En el árbol

el ratón de campo

el petirrojo

la ardilla

el ciervo volante

la marta

el arrendajo

el pájaro carpintero

la lechuza

¡Encuentra todos estos animales en el árbol!

La **ardilla** come una bellota, el fruto del roble.

Este árbol es un roble. En él viven muchos animales.

La **lechuza** duerme de día.

El **pájaro carpintero** atrapa insectos y gusanos escondidos bajo la corteza.

Los animales del bosque

el murciélago

el búho

el lirón

la cierva

el ciervo

la comadreja

el erizo

la jabalina

el jabalí

el faisán

el tejón

el zorro

el cuco

¡Encuentra los papás de estos bebés animales!

la culebra de collar

el jabato

el cervato

El conejo

¿Por qué mueve el hocico este suave conejito?

Sus largas **orejas** se mueven en todos los sentidos para captar los sonidos.

Mueve el **hocico** para sentir los olores.

Sus **dientes** no paran de crecer. Los desgasta comiendo.

Su **pelaje** tan suave le mantiene muy caliente.

Sobre sus **patas traseras** da grandes saltos.

¿Tú crees que el conejo se comerá todo esto?

una zanahoria

un diente de león

una lombriz

una ramita de árbol

Respuesta: no, la lombriz no se la comerá.

El conejo vive en grupo, en madrigueras que se conectan bajo tierra.

¡Hace caquitas para decir que ese espacio es suyo!

¿Por qué está erguido? Vigila que no haya peligro.

¡Ay! ¡Zorro a la vista! El conejo se empuja con sus patas traseras: ¡todos a la madriguera!

41

En el estanque

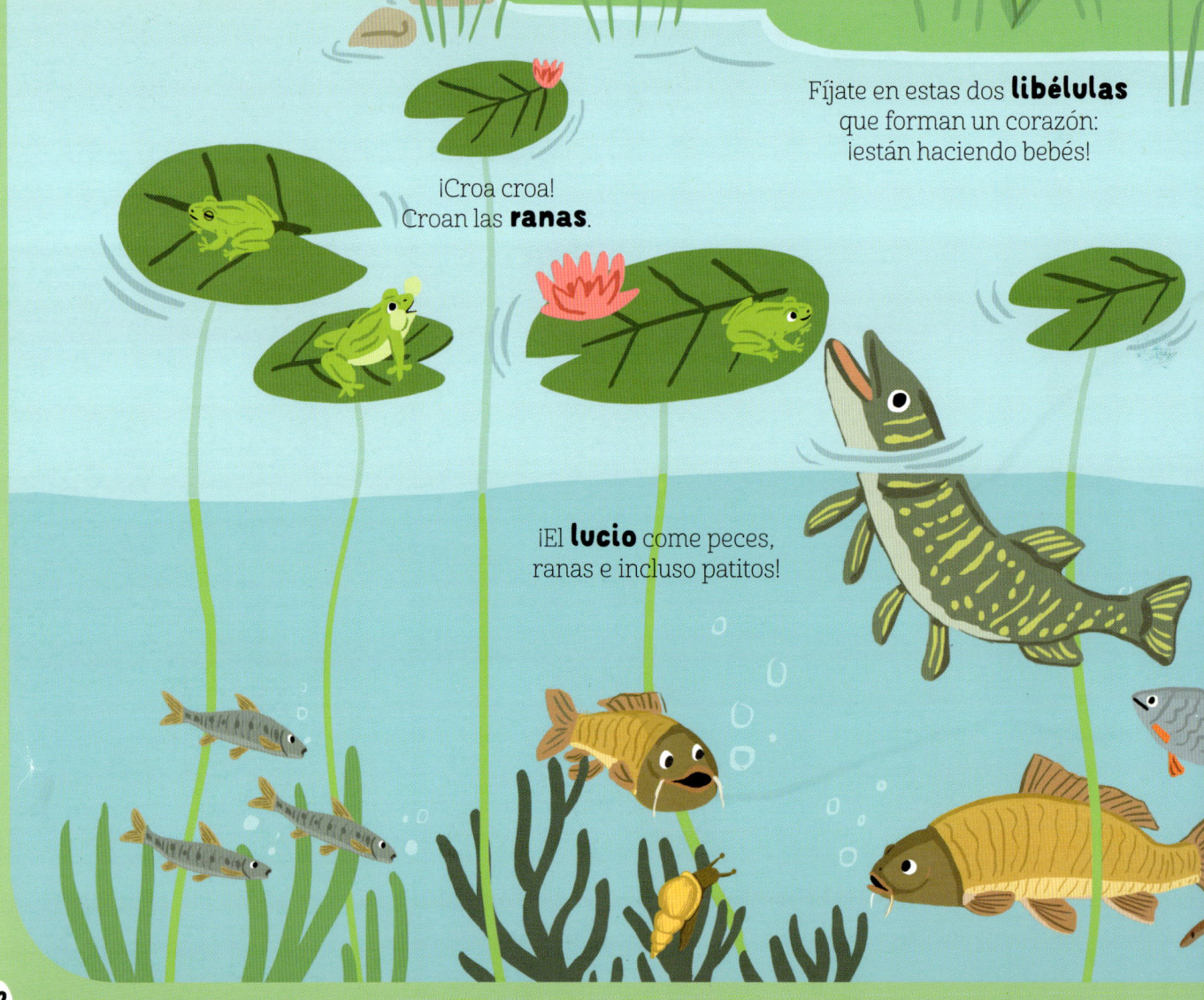

En la superficie, todo está tranquilo. Debajo el lucio acecha... ¿A quién atrapará?

Fíjate en estas dos **libélulas** que forman un corazón: ¡están haciendo bebés!

¡Croa croa!
Croan las **ranas**.

¡El **lucio** come peces, ranas e incluso patitos!

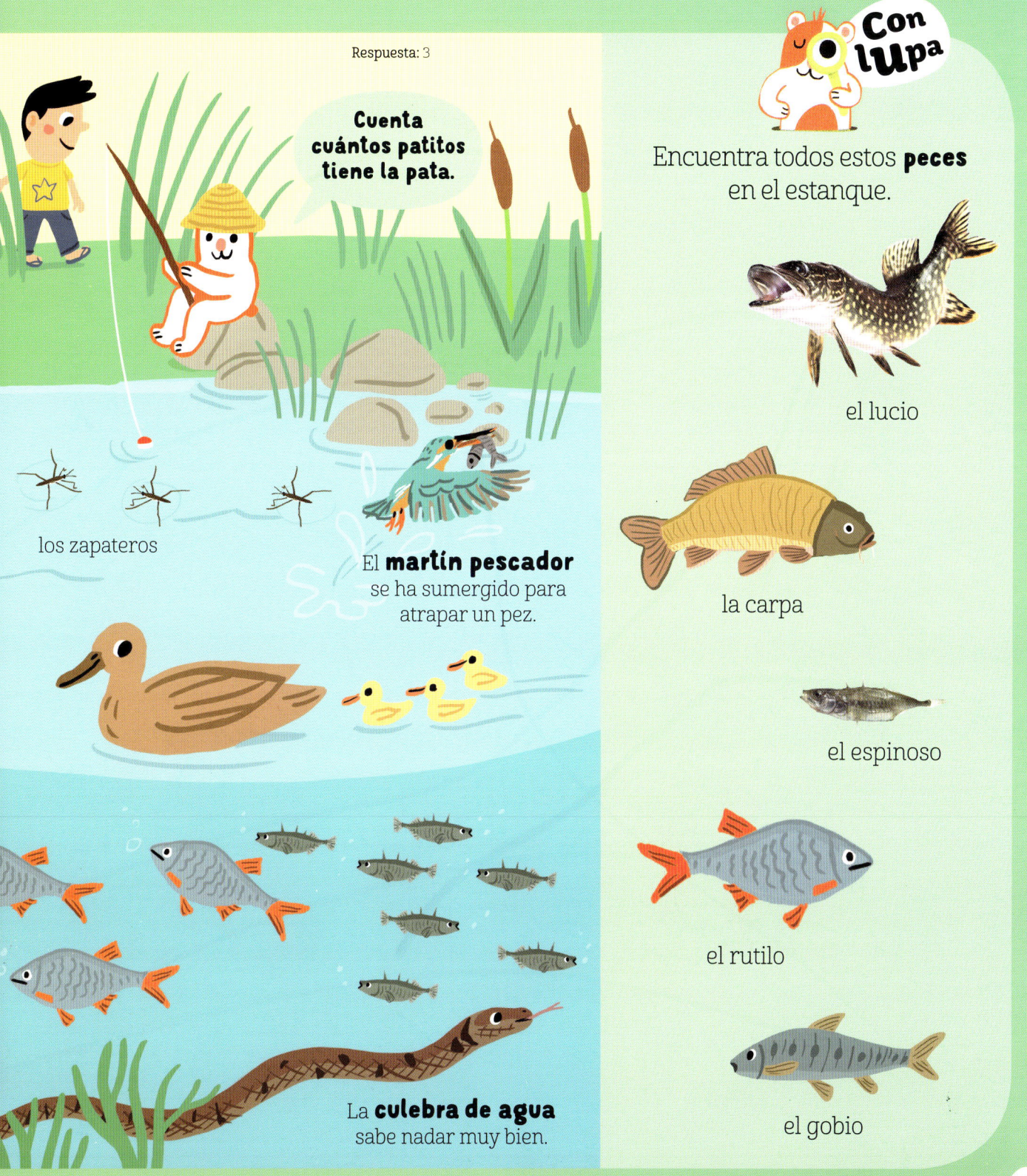

Respuesta: 3

Cuenta cuántos patitos tiene la pata.

los zapateros

El **martín pescador** se ha sumergido para atrapar un pez.

La **culebra de agua** sabe nadar muy bien.

Con lupa

Encuentra todos estos **peces** en el estanque.

el lucio

la carpa

el espinoso

el rutilo

el gobio

43

El pato

El pato es un ave excepcional: ¡sabe caminar, nadar y volar!

Con su **pico** largo y plano filtra del agua los granos y los insectos para comérselos.

Sus **plumas** están recubiertas con una especie de aceite que impide que se empapen.

¡CUA CUA!

Con sus largas **alas**, puede volar muy deprisa y durante mucho tiempo.

¿El pato come peces?

Sus **pies palmeados** son perfectos para nadar, pero no para andar: camina contoneándose.

Respuesta: sí, sobre todo come plantas, pero también peces pequeños, gusanos...

El señor pato y la señora pata son distintos. ¡El pato tiene más colorido!

Cuando salen del cascarón, los patitos saben nadar como los mayores, pero no saben volar todavía.

Cuando vuelan en grupo, los patos forman una V en el cielo. ¡Como las ocas!

¿Por qué nos enseña el trasero? Porque está buscando comida bajo el agua.

La rana

¡Yupiii! La rana adora el agua, aunque también vive en tierra firme.

Sus grandes **ojos** giran en todos los sentidos. No necesita mover la cabeza para ver.

Su **piel** es lisa. Tiene que permanecer húmeda para que la rana pueda respirar bien.

Su gran **boca** no tiene dientes.

Gracias a sus **patas traseras**, muy musculosas, nada deprisa y da grandes saltos.

La rana, ¿tiene patas palmeadas o patas empanadas?

Respuesta: palmeadas.

Los renacuajos acaban de salir del huevo. Pronto se transformarán en ranas.

La rana atrapa insectos a golpe de lengua pegajosa. ¡Sluuurp!

Se entierra en el barro, en el fondo del estanque, para dormir todo el invierno.

¡CROA CROA!

El señor rana hincha los sacos que tiene a ambos lados de la boca para hacer «croa croa».

En la montaña

Las marmotas se divierten... ¡pero al menor ruido corren a esconderse!

Esta marmota silba para avisar a sus amigas de que se acercan excursionistas. ¡Rápido, todas a la madriguera!

En verano, las **marmotas** comen todo el día, porque en invierno dormirán en su madriguera sin comer nada.

Entre comida y comida, las jóvenes marmotas juegan a pelearse.

la madriguera

los arándanos

El **águila real** ve las marmotas desde muy lejos.

Con lupa

Encuentra todos **estos animales** que viven en la montaña.

la marmota

la liebre de montaña

el lince

el rebeco

la cabra montés

el águila real

Los bebés marmota, ¿son crías o críos?

Respuesta: crías.

El lobo

¡Auuuu! El lobo no aúlla para asustarte, sino para hablar con los suyos.

Sus **ojos** amarillos ven muy bien de noche.

Su **pelaje** espeso le protege del frío y de la lluvia.

Con su **hocico**, puede oler un animal que esté a mucha distancia de él.

Sus **colmillos**, largos y afilados como cuchillos, desgarran la carne.

Sus grandes y musculosas **patas** le permiten andar y correr mucho tiempo sin cansarse.

¿El lobo come hámsteres?

Respuesta: sí, si encuentra alguno cuando tiene hambre.

La loba da a luz a sus lobeznos en una cueva. Es su guarida.

Los lobos viven en grupo: la manada. ¡Un lobo y una loba son los jefes!

Los lobos comen animales grandes como los alces pero también comen ranas o frutas.

Si un lobo se echa así delante de ti, ¿sabes qué significa? ¡Que tú eres el más fuerte!

51

Los animales de la orilla del mar

la babosa crestada

la anémona

la estrella de mar

el cangrejo ermitaño

la gamba

el berberecho

el caracol marino

Señala todos los animales que tienen concha: son los moluscos.

el erizo de mar

Respuesta: el caracol marino, el berberecho, el mejillón, la vieira, la navaja, la ostra, los bígaros, la lapa. El cangrejo ermitaño ocupa una concha vacía para protegerse: por lo tanto no es un molusco.

52

la vieira

la navaja

la ostra

los bígaros

la gaviota

el mejillón

la lapa

el cangrejo

la gaviota occidental

El cangrejo

¿Te dan miedo sus grandes pinzas?
¡Si te ve, será él quien corra a esconderse!

Cuando se esconde bajo la arena solo sobresalen sus **ojos**. ¡Es muy práctico para ver sin ser visto!

Su **caparazón** duro le protege de sus enemigos.

Camina de lado sobre sus **8 patas**.

Con sus grandes **pinzas** atrapa y come moluscos o peces muertos. También se defiende con ellas.

A ver si lo sabes: el cangrejo, ¿vive en la playa o en el mar?

Respuesta: ¡en los dos sitios!

Cuando crece, el cangrejo deja su caparazón porque le ha quedado pequeño.

Después se esconde bajo una roca y espera a que su nuevo caparazón se endurezca.

¡Qué forzudo! El cangrejo puede abrir un mejillón con sus pinzas.

¡Cuidado con la gaviota! ¡El cangrejo corre con todas sus patas!

55

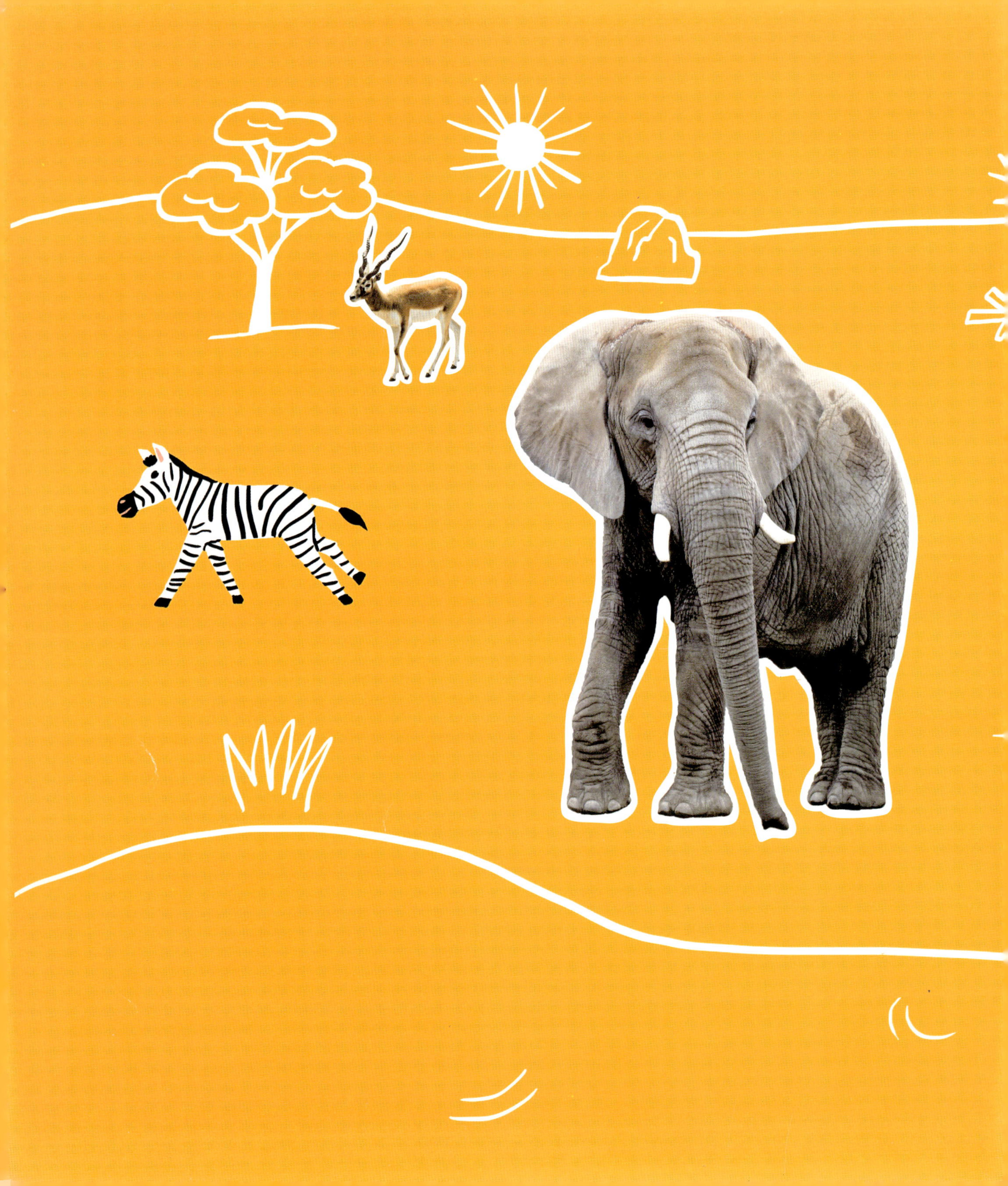

LEJOS

En la sabana

¡Qué calor hace en la sabana! Los animales beben sin desconfiar del cocodrilo. ¿Lo ves?

El **rinoceronte** tiene que beber a menudo porque transpira mucho.

¡El **avestruz** no sabe volar, pero corre más rápido que una cebra!

el picabuey de pico rojo

El **hipopótamo** se queda en el agua para evitar las quemaduras del sol.

el guepardo

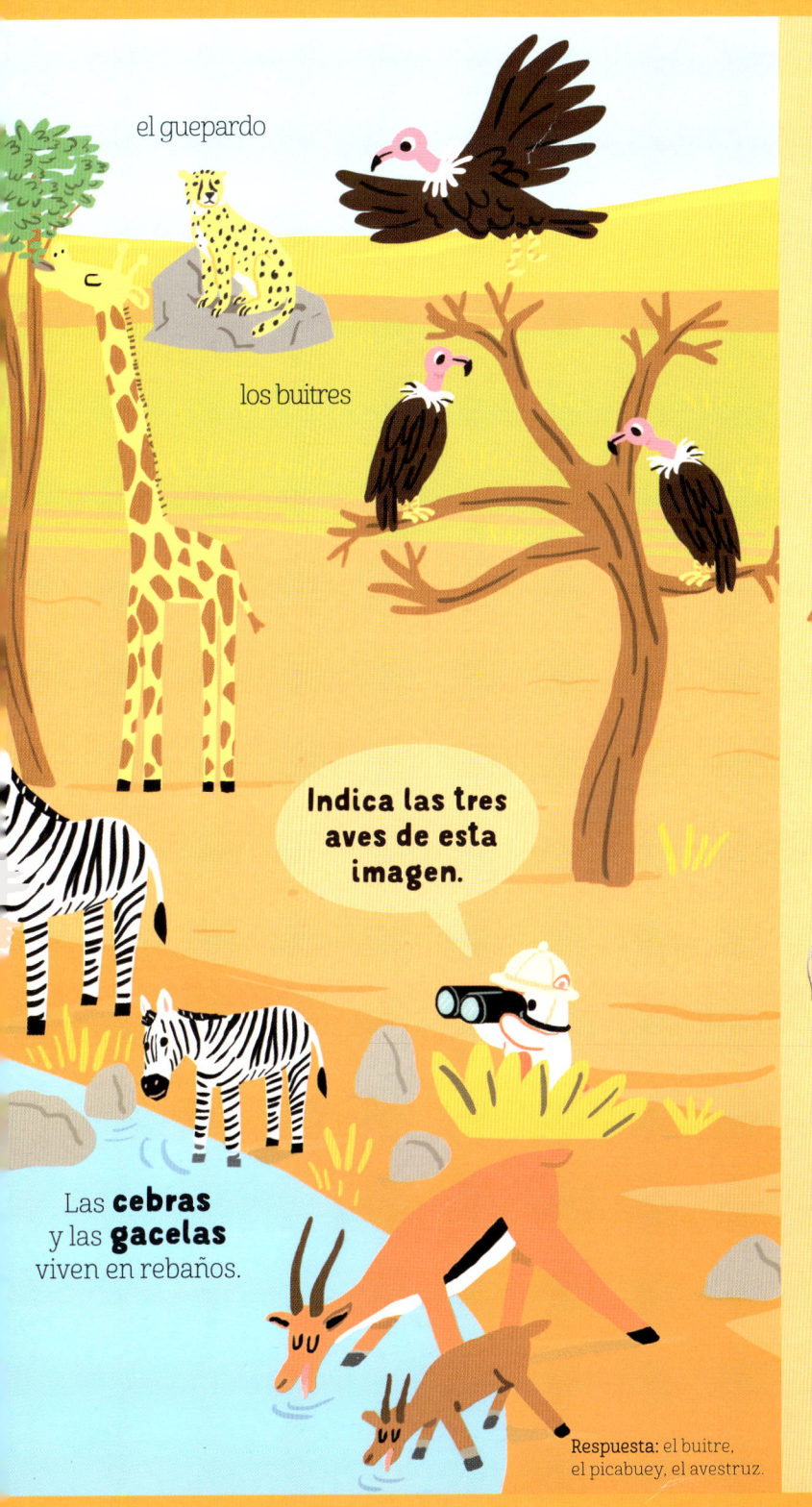

los buitres

Indica las tres aves de esta imagen.

Las **cebras** y las **gacelas** viven en rebaños.

Respuesta: el buitre, el picabuey, el avestruz.

Con lupa

Los herbívoros comen hierba y plantas de la sabana. Encuéntralos en esta imagen.

la jirafa

la cebra

el hipopótamo

el facocero

la gacela

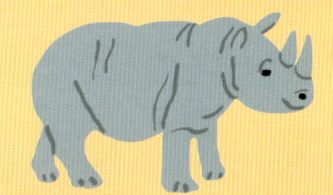

el rinoceronte

59

El elefante

Con su trompa, ¿barrita o berrea?

Respuesta: barrita.

¡Es enooorme: pesado como 6 coches y más alto que el techo de tu habitación!

Sacude sus grandes **orejas** para refrescarse.

Sus **defensas** son 2 colmillos más grandes. ¡Le crecen toda la vida!

Su **trompa** es su nariz. Le sirve para oler, pero también para agarrar cosas, acariciar, ¡como si fuese una mano!

Gracias a las «almohadillas» que tiene bajo sus grandes **patas**, avanza sin hacer ruido.

las uñas

En la manada solo hay elefantas y pequeños elefantes. ¡Quien va delante es la abuela!

El elefante toma una ducha de arena y polvo para proteger su piel del sol.

Su **piel** es gruesa y arrugada, y casi sin pelos.

Para mamar de su mamá, el pequeño elefante enrosca la trompa sobre la cabeza.

El elefante come mucho: hierba, plantas, madera, hojas...

La jirafa

¡La jirafa es tan alta como una casa de una planta!

¿Sabes si la jirafa duerme de pie?

Zzzzz

Su **pelaje** está cubierto de manchas. Cada jirafa tiene las suyas.

Su largo **cuello** es muy flexible: puede torcerlo en todos los sentidos.

Corre muy deprisa sobre sus largas **patas**.

la pezuña

Respuesta: sí, suele dormir de pie porque le cuesta acostarse y volverse a levantar. ¡Solo duerme 2 horas al día!

Sus **"cuernos"** están recubiertos de piel con pelos arriba.

Con sus grandes **ojos** ve hasta muy lejos.

La jirafa come hojas de acacia. Las arranca con su larga lengua negra.

La jirafa da a luz a su pequeño. ¡Bum! La pequeña jirafa cae desde 2 metros de altura.

¡La jirafa sabe defenderse! Los leones y las hienas tienen miedo de sus pezuñazos.

Para beber agua, la jirafa tiene que separar mucho las patas.

63

El león

¡Grrr! ¡Ruge para dar miedo a los demás animales y decir que él es el rey!

Su **melena** hace que parezca más grande y más fuerte.

Con sus largos **colmillos**, desgarra la carne, su único alimento. Es un carnívoro.

los bigotes

Mueve la **cola** para espantar las moscas o para decir que está enfadado.

Con sus grandes **patas** musculosas, puede matar una gacela o una joven cebra... pero también puede correr muy deprisa.

las garras

¿Es un cachorro, o un cacharro de león?

Respuesta: cachorro de león

El león pertenece a la gran familia de los felinos, como tu gato y...

el gato salvaje

el jaguar

el puma

Indica todos los felinos que tienen manchas.

el guepardo

la pantera

el serval

el lince

el tigre

Todos los felinos cazan para alimentarse.

El cocodrilo

¿Te impresionan sus grandes dientes? ¡Puede estar 1 año sin comer!

Su **piel** está cubierta de escamas muy duras.

Gracias a su **cola** tan musculosa, nada rápido y salta del agua disparado como un cohete.

Sus afilados **dientes** vuelven a salir si se rompen.

Sus **ojos** sobresalen cuando está bajo el agua. ¡Muy práctico para cazar!

las orejas

¡Con sus cortas **patas** puede caminar e incluso correr muy deprisa!

las garras

¿Por qué se queda con la boca abierta?

Respuesta: para refrescarse.

66

El cocodrilo salta sobre el ñu.
¡Se lo tragará entero, con huesos
y cuernos!

Bajo el agua, el cocodrilo tapona
sus fosas nasales y sus orejas, ¡pero
puede mantener la boca abierta!

patas traseras
palmeadas

Los pequeños salen del huevo.
¡Mamá cocodrilo los lleva dentro
de la boca directos al río!

Pero ¿qué hace este pájaro?
Limpia los dientes del
cocodrilo comiendo
sus restos de comida.

El chimpancé

Con su cara graciosa, se te parece un poco, ¿verdad? ¡Normal, somos «primos»!

Se le ve en la **cara** si está contento, triste o enfadado. Cuando tiene miedo muestra los dientes.

Tiene largos **pelos** negros por todo el cuerpo, pero en la cara no.

las grandes orejas prominentes

Con sus **brazos** largos y musculosos, sube fácilmente a los árboles.

Con sus **manos** puede agarrar y sujetar un montón de cosas.

¿El chimpancé tiene cola?

las uñas

Respuesta: como el orangután o el gorila, el chimpancé no tiene cola. Pero el tití sí tiene.

¡Sus **pies** son tan hábiles como sus manos!

Hasta los 7 años el pequeño chimpancé pasa todo el tiempo con su mamá.

Con ella, aprende a elegir sus alimentos, abrir las frutas, cascar nueces…

Por la noche, duermen en un nido de hojas.

Este chimpancé limpia el pelo de su amigo. ¡Qué bien lo pasan juntos!

En la selva

Se escuchan los gritos de los monos y papagayos, pero hay otros animales silenciosos y bien escondidos...

El **perezoso** se desplaza lentamente y baja de su árbol solo para hacer caca.

Encuentra las 4 ranas de colores. ¡Cuidado: su piel es venenosa!

¡El **armadillo** se enrosca como una bola! Ha visto que se acerca una boa.

El **papagayo** abre una semilla con su pico.

El **colibrí** es tan pequeño que lo llaman pájaro mosca.

Con lupa

Encuentra todos **estos animales** de la selva amazónica.

la boa

el colibrí

el tití

el papagayo

la viuda negra

el armadillo

el insecto palo

El tigre

El más grande de los felinos es un cazador magnífico: ¡ataca incluso los cocodrilos!

¿De qué 3 colores es la piel del tigre?

Con sus **rayas** es difícil verlo entre las altas hierbas. ¡Muy práctico para cazar!

Sus **ojos** ven muy bien en la oscuridad.

los bigotes

Con sus musculosas **patas traseras** da saltos enormes.

Tiene **garras** muy afiladas: las saca cuando lo necesita.

Respuesta: naranja, negro, blanco.

Mamá tigre transporta a sus pequeños en la boca. ¡No les hace daño!

El tigre es muy buen nadador y un gran pescador: atrapa los peces con un zarpazo.

la larga cola

El tigre esconde el búfalo que ha matado bajo unas hojas. Volverá más tarde para comerlo...

El tigre tiene muchas formas de «hablar»: ruge, gruñe, maúlla, ronronea...

73

El canguro

Hop, hop, hop, el canguro se desplaza saltando... ¿Lo imitas?

¿Crees que el bebé puede caer de la bolsa cuando su mamá salta?

Con sus grandes **orejas** oye muy bien.

Mamá canguro tiene una **bolsa** en el vientre.

Con las **manos** se rasca, se limpia, agarra su comida...

las garras

Se apoya sobre su **cola** como si fuese un tercer pie.

Salta sobre sus grandes **patas traseras** como si fuesen muelles.

Tiene los **pies** muy largos: ¡necesitaría zapatos del número 48!

Respuesta: no, porque los músculos de su bolsa se cierran alrededor del bebé cuando la madre salta.

Todas las mamás de estas especies de animales tienen una bolsa ventral donde el bebé crece después de nacer.

el wombat

el falangero del azúcar

el ualabí de las rocas

¡Señala los pequeños con su mamá!

el numbat

el oposum

el koala

el cuscús moteado

el bilbi

el demonio de Tasmania

Todos son marsupiales, como el canguro.

El panda

¡Este bebé es tan adorable como un peluche! ¿Te gustaría abrazar este osito... tan grande como tú?

Tiene los **dientes** tan afilados como los de su primo, el oso.

Su espeso **pelaje** le protege del frío. ¡No es nada suave!

Sus **patas delanteras** tienen una especie de pulgar, que le permite sujetar las ramas de bambú.

¿Conoces otros animales que sean blancos y negros... como el panda?

Respuesta: la cebra, la orca, la urraca...

Cuando es adulto, el panda es tan grande como tu papá.

Sus **garras** sirven para poder trepar a los árboles... o para defenderse.

Sentado sobre su trasero, el panda se alimenta casi unicamente de bambú. ¡Y come muchísimo!

Mamá panda cuida mucho de su pequeño. ¡Por suerte, ya que el osezno no camina hasta los 3 meses!

¡A los jóvenes pandas les gusta divertirse como a ti! ¡Y bajar en tobogán haciendo volteretas en la nieve!

Rápido, el pequeño panda trepa al árbol para escapar de la pantera.

El oso polar

¡Brrr... qué frío! ¡Vive en el hielo, en el Polo Norte, donde hace más frío que en un congelador!

El oso polar también se llama oso blanco. ¿Por qué será?

Su espeso **pelaje** blanco le mantiene caliente y hace que sea invisible en la nieve.

Con su **nariz** puede oler una foca a kilómetros de distancia.

Tiene las **patas** cubiertas de pelo que lo protege del frío.

Sus **patas delanteras** son semipalmeadas: ¡muy práctico para nadar!

las garras

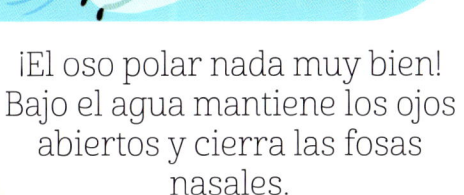

¡El oso polar nada muy bien! Bajo el agua mantiene los ojos abiertos y cierra las fosas nasales.

Cuando la foca saca la cabeza para respirar, ¡PAM!, el oso la aturde con un zarpazo... ¡y se la come!

En invierno, mamá osa da a luz a sus oseznos en una cueva de hielo.

¡Uala! ¡De pie, el oso polar es más alto que el techo de tu habitación!

79

El pingüino emperador

Esta ave vive en el Polo Sur, ¡uno de los lugares más fríos de la Tierra! Brrr...

Los adultos son altos como un niño de 6 años.

Con su largo **pico** curvado, pesca pequeños peces.

Su cuerpo está cubierto por 4 capas de **plumas** que lo mantienen calentito.

Sus **alas** son demasiado pequeñas para volar. ¡Pero perfectas para nadar bajo el agua!

¿Sabes cómo se le llama también a este pingüino?

Tiene las **patas palmeadas** y camina a pasitos.

la cola

Sus **garras** se agarran al hielo.

Respuesta: pájaro bobo emperador.

80

¿Cómo nace el bebé pingüino?

¡Es invierno! Los pingüinos emperador hacen un largo viaje para llegar al lugar donde, cada año, se reproducen y nacen sus bebés.

Papá y mamá pingüino se han apareado. Mamá pingüino pone un huevo y lo coloca sobre las patas de papá.

Mamá pingüino se va a pescar al mar. Papá pingüino guarda el huevo bien calentito con los demás papás. ¡Ni siquiera come!

3 meses después el bebé pingüino nace. Mamá le da de comer, y papá, muy flacucho, se va a pescar...

El delfín

Vive siempre en el agua, pero no es un pez. ¡Es un mamífero marino!

Este agujerito es su **nariz**, el respiradero. Lo abre cuando sube a la superficie para respirar.

la aleta dorsal

Mueve la **cola** de arriba abajo para nadar o saltar fuera del agua.

¡Gracias a su cuerpo alargado y su **piel** lisa se desliza por el agua como un cohete!

las aletas pectorales

Su **hocico** tiene muchos dientes puntiagudos.

¿Por qué parece que el delfín siempre esté sonriendo?

Respuesta: en realidad no sonríe. Es la forma de la boca lo que le da este aspecto.

El bebé delfín nace en el agua. Después de haber respirado en la superficie, se amamanta con la leche de su mamá.

El delfín es un gran cazador. Suele comer peces y calamares.

Los delfines viven en grupo. Cazan juntos y se ayudan en caso de peligro.

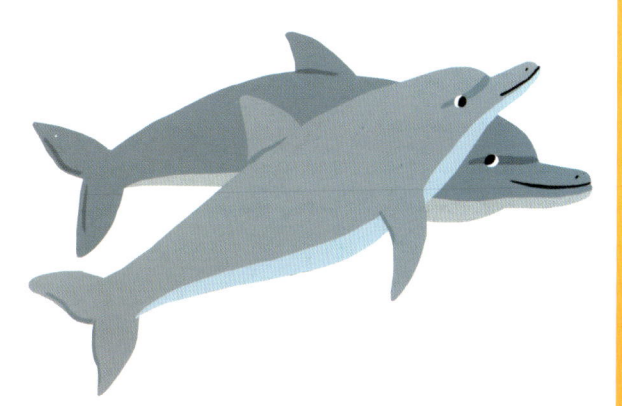

¿Qué hacen estos delfines? Se acarician con sus aletas.

El gran tiburón blanco

¡Uau! ¡Qué dientes! ¡El gran tiburón blanco es el mejor cazador del océano!

Mueve la **cola** de lado a lado para nadar. ¡Y nada muy rápido!

la aleta dorsal

El tiburón respira con sus **branquias** bajo el agua, como todos los peces.

Con sus **fosas nasales** puede oler una pequeña gota de sangre en una gran cantidad de agua.

la aleta pectoral

¿Qué pasa cuando a un tiburón se le rompe un diente?

Sus **ojos** ven muy bien de lejos pero muy mal de cerca.

Tiene varias hileras de **dientes** muy afilados.

Respuesta: el diente es reemplazado por otro diente de la hilera posterior.

84

Todos estos peces pertenecen a la familia de los tiburones:

el tiburón leopardo

el tiburón azul

el tiburón limón

¿Cuál de estos tiburones no existe: el tiburón martillo, el tiburón destornillador o el tiburón sierra?

la pintarroja

el tiburón sierra

la lija

el tiburón martillo

Respuesta: el tiburón destornillador.

el tiburón de Port Jackson

el tiburón ballena

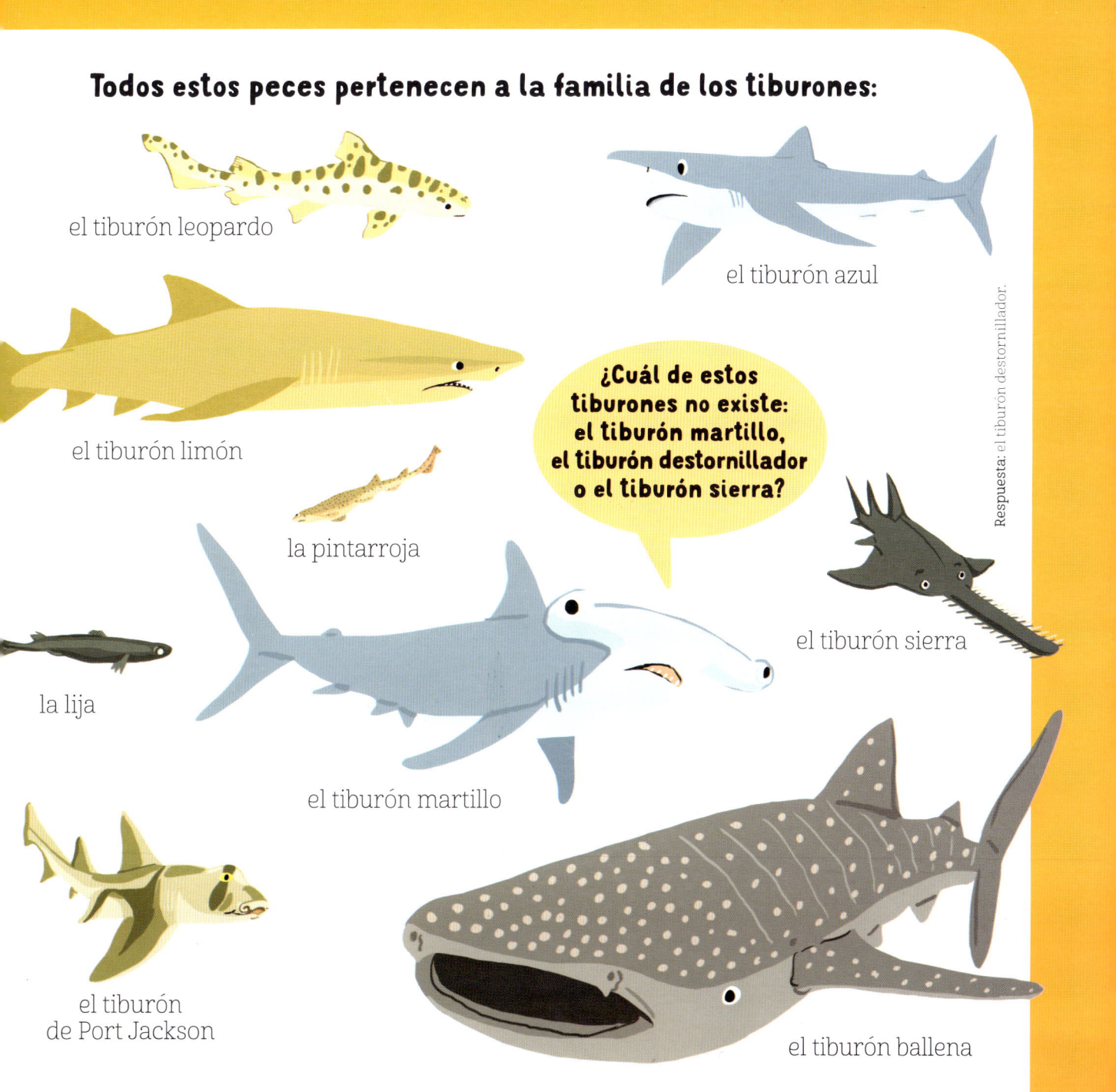

No todos estos tiburones son terribles cazadores. El tiburón ballena solo come plancton y pececillos.

En los mares tropicales

Muchos animales encuentran comida allí. ¡Un verdadero paraíso!

El pulpo adopta el color del fondo para ocultarse. Pero ¿dónde está?

El **pez payaso** se refugia entre los tentáculos de la anémona.

El **dugongo** pasta algas en el fondo del mar. ¡También lo llaman vaca marina!

Las **medusas** son la comida preferida de la tortuga laúd.

el coral

Con su pico el **pez loro** rompe el coral para comer las algas que hay dentro.

Con lupa

Encuentra todos **estos animales**

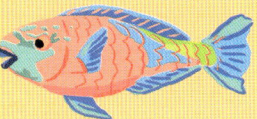

el pez loro

el pez mariposa de Hong Kong

el pepino de mar

el pez payaso

el ídolo moro

el tres colas

la estrella de mar

la esponja

87

Los peces de los mares tropicales

el pez escorpión

el mero americano

el pez luna

el pez cirujano

la doncella limpiadora

el pez ángel emperador

la morena

Señala 2 peces que tengan púas.

la manta raya

el pez ballesta payaso

el pez erizo

el pez mandarín

el pez mariposa de nariz alargada

el pez cofre

el caballito de mar

la barracuda

Respuesta: el pez escorpión, el pez erizo.

La ballena

¡Larga como 2 autobuses, la ballena azul es el más grande de los animales!

Su **aleta dorsal** es pequeña.

Mueve su inmensa **cola** de abajo arriba para nadar.

¿La ballena hace pipí y caca en el agua?

Su **piel** es lisa pero tiene pelos en el hocico... ¡como un gato!

Respuesta: sí. ¡Y su caca es ENOOORME!

Gracias a estos **pliegues**, su garganta se estira como un acordeón para que entre más agua en su boca.

Sobre su cabeza tiene 2 pequeñas fosas nasales, los **espiráculos**. La ballena sube a la superficie para respirar, como todos los mamíferos marinos.

En lugar de dientes tiene **barbas**. Estas largas tiras filtran todos los animalitos que aspira con el agua.

Las **orejas** no se ven, pero la ballena oye muy bien.

la aleta pectoral

+SP
590 J

Jugla, Cécile.
Los animales /
Floating Collection WLNF
12/18

DISCARD

...cos

...mbient Ideas; elefante © Talvi; poni y dámata © Eric Isselee; abeja y mariquita © irin-k; tortu... tigre © Anan Kaewkhammul; periquito © Denis Tabler; herrerillo © Eric Isselee; pez mariposa ...ato y pata © Gallinago_media; oveja © Eric Isselee; caracol © Stepan Bormotov; **p. 7** pez payaso ... © Rosa Jay; herrerillo © Eric Isselee; gazapo JIANG HONGYAN; saltamontes © Zygotehaas... ...raña © Eric Isselee; **p. 10** perro © cynoclub; **p. 11** pastor alemán, labrador, husky © Eric Isselee; caniche, collie © cynoclub; **p. 12** gato © Tony Campbell; **p. 14** conejo y coneja © Halina Yakushevich; gata © disapier; gato © Peter Wollinga; hámster © Igor Kovalchuk; **p. 15** perro © Susan Schmitz; perro © Nikolai Tsvetkov; gazapo © JIANG HONGYAN; gatito © Volodymyr Krasyuk; cachorro © Okeanas; **p. 16** caracol © Stepan Bormotov; araña y topo © Eric Isselee; **p. 18** cochinilla y avispa © irin-k; hormigas © asharkyu; escarabajo © Cosmin Manci; ciempiés © Mr. SUTTIPON YAKHAM; **p. 19** saltamontes © Zygotehaasnobrain; escarabajo de la patata © Kletr; abeja © irin-k; chinche verde © Marco Uliana; **p. 20** caracol © Lizard; **p. 22** mariposa © krisgillam; **p. 24** pinzón hembra © Michiel de Wit; jilguero, camachuelo © panbazil; herrerillo, estornino © Eric Isselee; **p. 25** tórtola © xpixel; gorrión © Eric Isselee; cuervo © Rosa Jay; **p. 26** gallina y gallo © weter777; asno © yevgeniyll; zorro © Eric Isselee; **p. 27** erizo © Utekhina Anna; cordero © Eric Isselee; vaca © Supertrooper **p. 28** pata © Gallinago_media; cabra © Inna Astakhova; pavo © veleknez; pollito © yevgeniyll; **p. 29** caballo © Eric Isselee; gallina © weter777; vaca © panbazil; conejo © JIANG HONGYAN; **p. 30** vaca © Supertrooper; **p. 32** gallina © Valentina_S; **p. 34** poni © Eric Isselee; **p. 36** petirrojo, marta © Eric Isselee; arrendajo © Maksimilian; **p. 38** búho © Eric Isselee; murciélago © Igor Chernomorchenko; cierva © Eric Isselee; **p. 39** jabalina y jabalín © Eric Isselee; faisán © panbazil; jabato, cervatillo © Eric Isselee; **p. 40** conejo © Stefan Petru Andronache; **p. 43** lucio © D7INAMI7S; espinoso © Krasowit; **p. 44** pato © Eric Isselee; **p. 46** rana © Eric Isselee; **p. 49** marmota, lince © Eric Isselee; cabra montés © Jeffrey B. Banke; **p. 50** lobo © Eric Isselee; **p. 52** anémona © carnival; estrella de mar © Mars Evis; cangrejo ermitaño © Eric Isselee; berberecho © picturepartners; caracol marino © Aurelie Fieschi; **p. 53** vieira © o.meerson; ostra © Alex Staroseltsev; bígaros © picturepartners; cangrejo © A7880S; gaviota occidental © Eric Isselee; **p. 54** cangrejo © Africa Studio; **p. 56** antílope © Alex Helin; elefante © Richard Peterson; **p. 57** cocodrilo © John Kasawa; cachorro de león © Eric Isselee; **p. 59** cebra © prapass; facocero, gacela © Iakov Filimonov; **p. 60** elefante © Richard Peterson; **p. 62** jirafa © Eric Isselee; **p. 64** león y cachorro © Eric Isselee; **p. 65** jaguar © Anan Kaewkhammul; lince © Eric Isselee; tigre © Potapov Alexander; **p. 66** cocodrilo © John Kasawa; **p. 68** chimpancé © Eric Isselee; **p. 71** papagayo © Nejron Photo; armadillo © Robert Eastman; boa © Eric Isselee; **p. 72** tigre © Stayer; **p. 74** canguro © Smileus; **p. 75** ualabí © Ralph Loesche; falangero © Praisaeng; koala © Eric Isselee; oposum © Tony Wear; **p. 76** panda © Eric Isselee; **p. 78** oso © ILYA AKINSHIN; **p. 80** pingüino emperador © Shchipkova Elena; **p. 82** delfín © Neirfy; **p. 84** tiburón © Alexius Sutandio; **p. 87** pez mariposa © serg_dibrova; pez payaso © bluehand; estrella de mar © voronas; pez coral © cynoclub; **p. 88** pez escorpión © Eric Isselee; morena © bluehand; doncella limpiadora © Johannes Kornelius; pez ángel emperador © Rich Carey; **p. 89** pez ballesta payaso, pez erizo © Eric Isselee; pez mandarín © bluehand; barracuda © Kletr.

BIOSPHOTO **p. 90** ballena © Biosphoto / Sciepro / Science Photo Library (reconstrucción 3D)

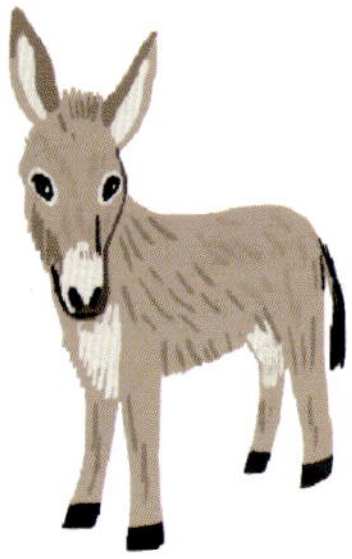
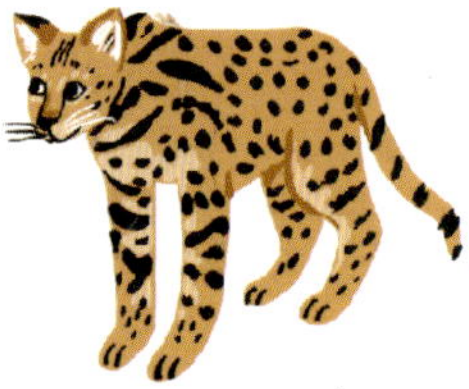
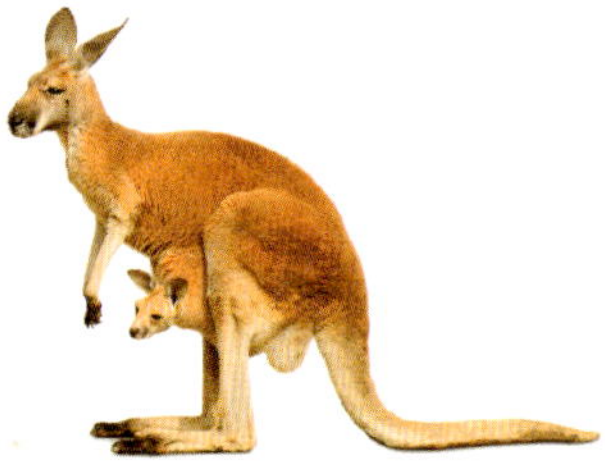
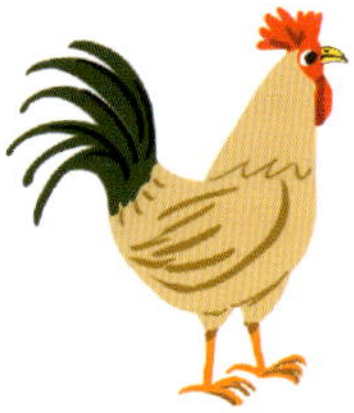
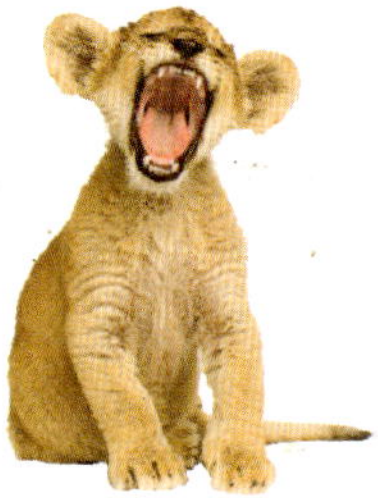
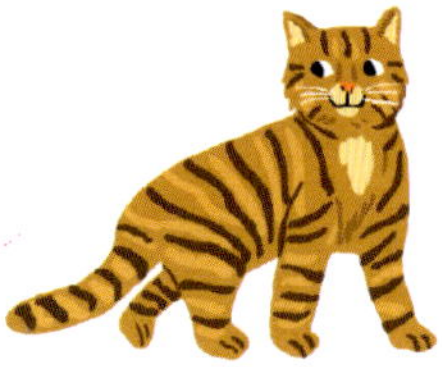
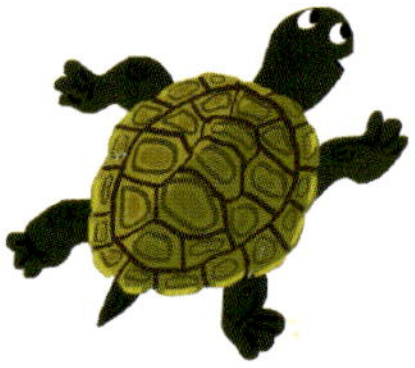
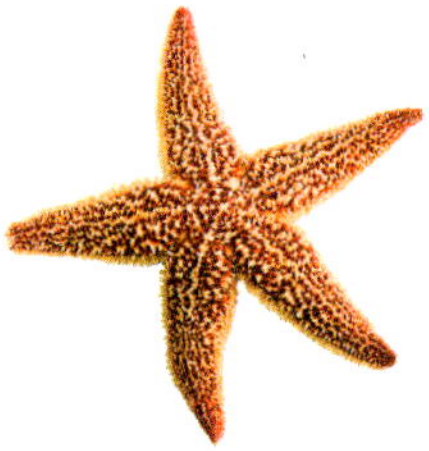
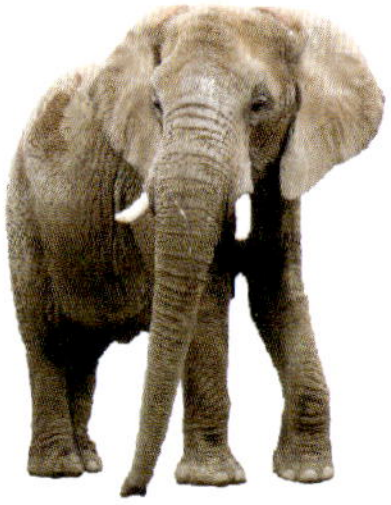
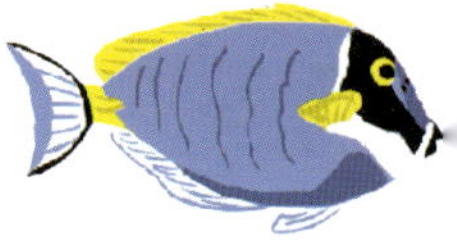
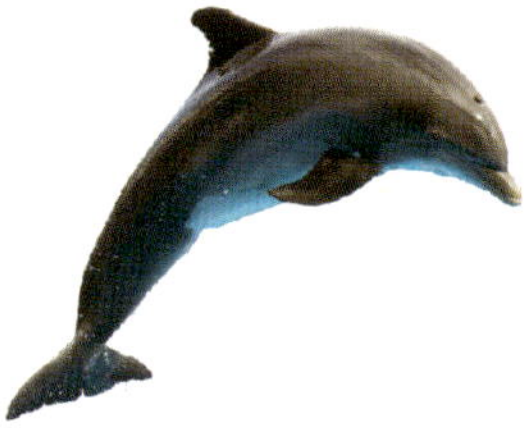
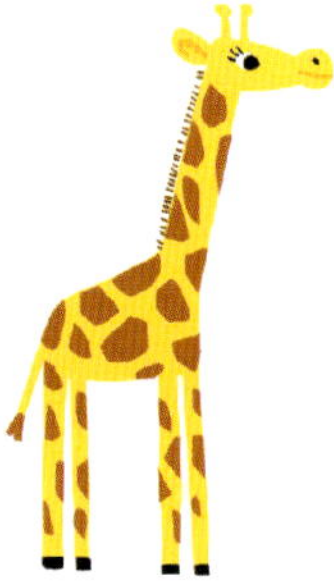
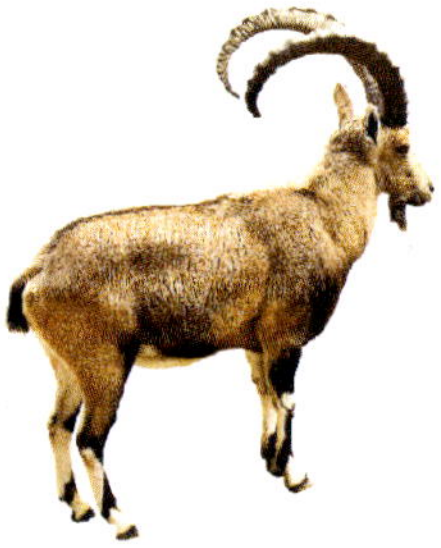
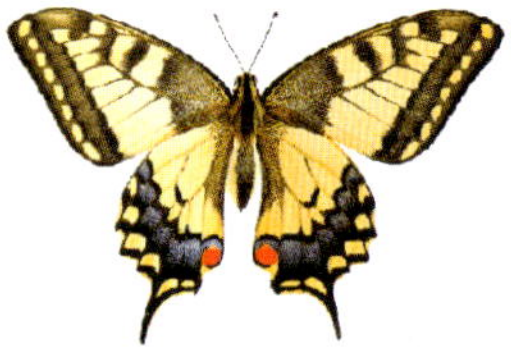
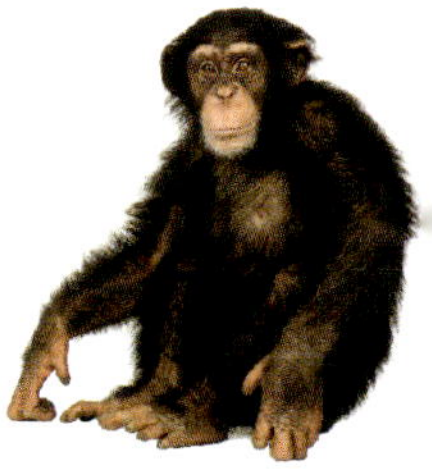
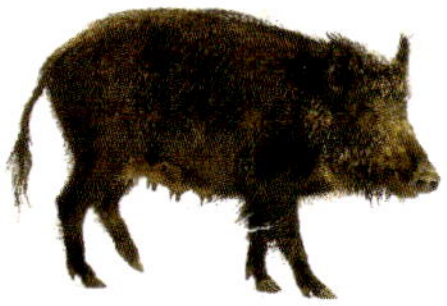
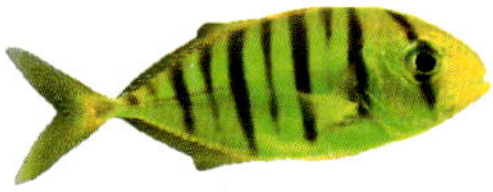
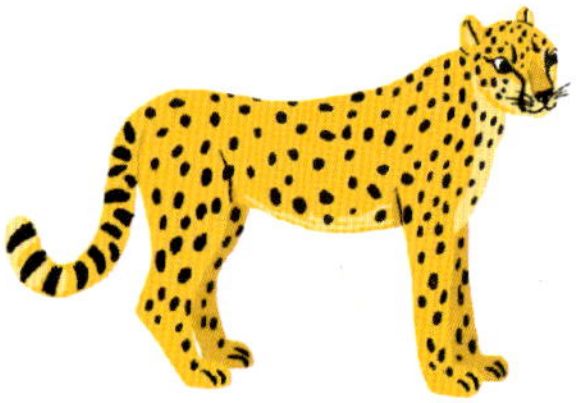
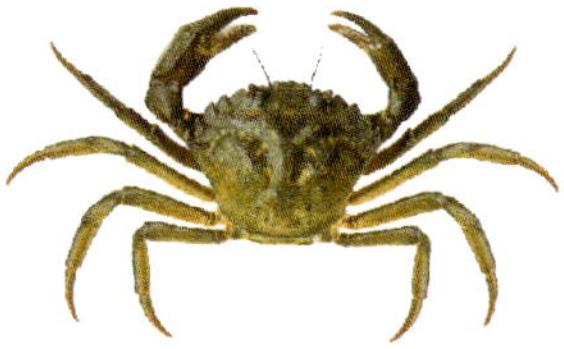
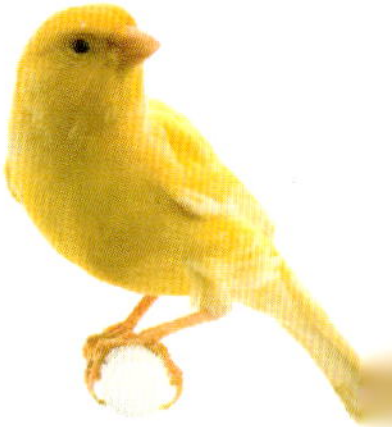
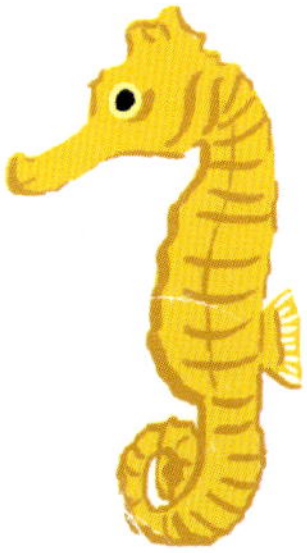
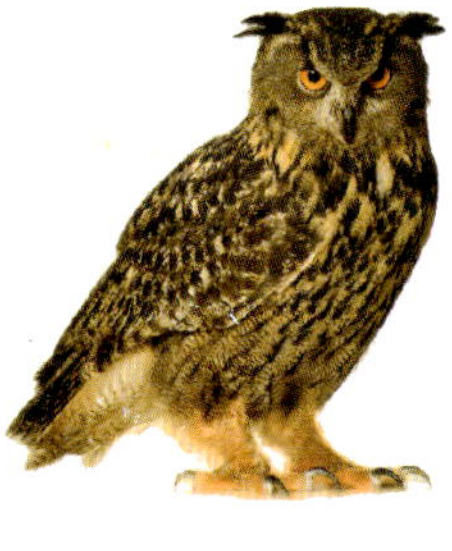
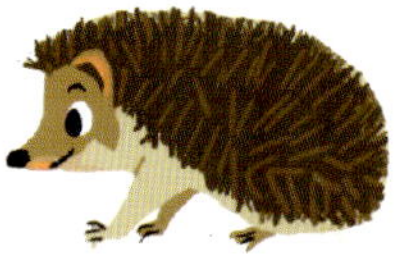
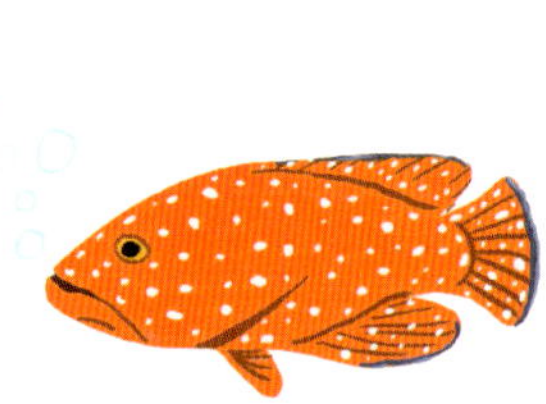
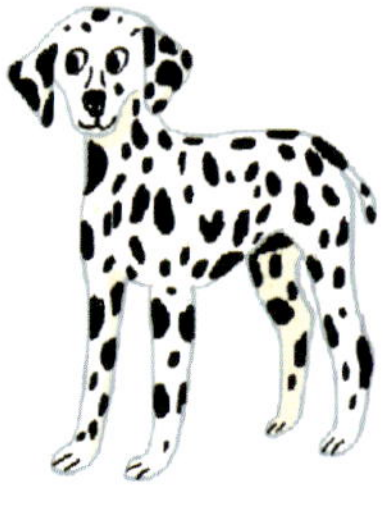

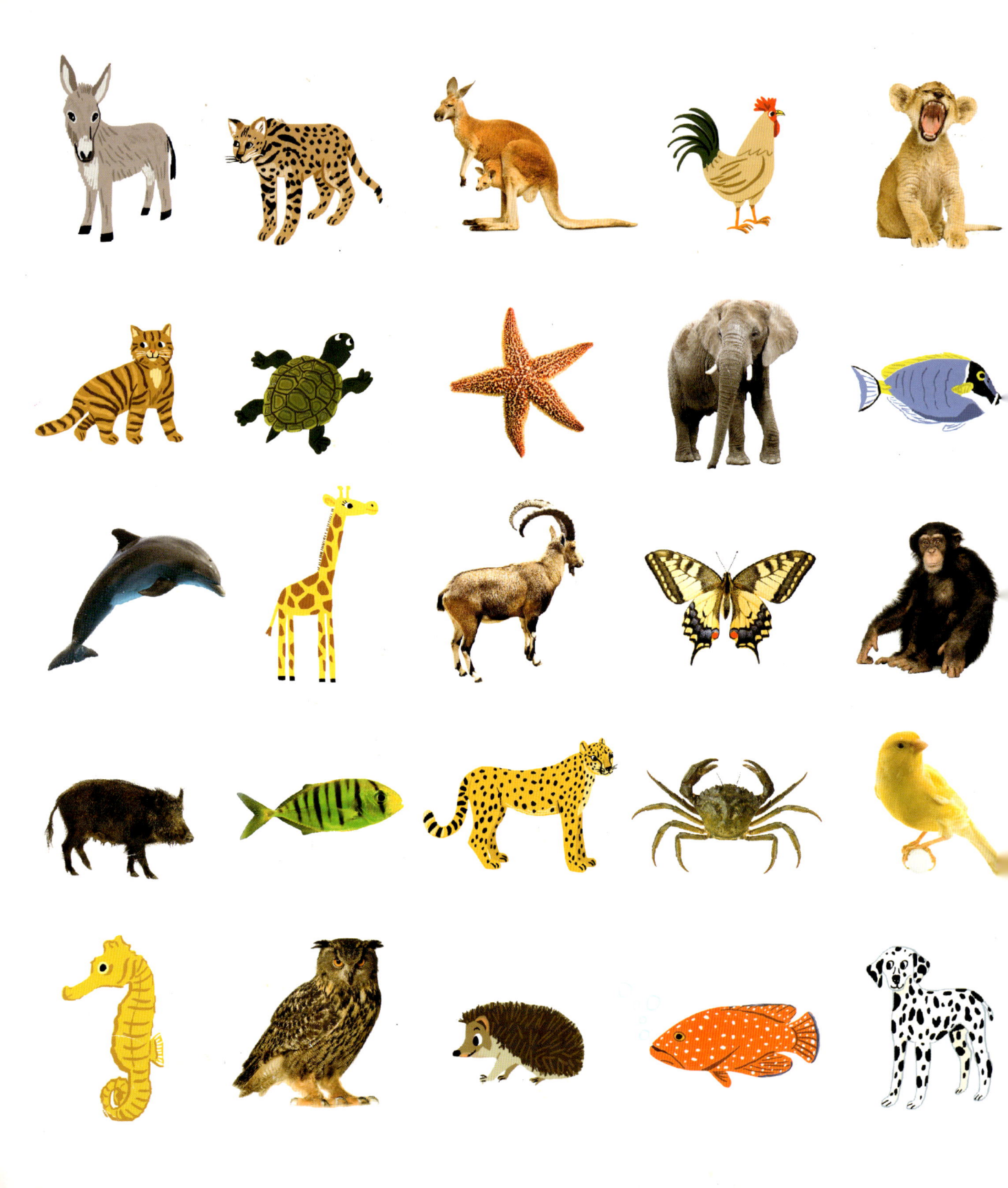